Impression de Rouen
d'après J.-D. Mellot

# LES AMUSEMENS
## DU
# PHILOSOPHE.
### A M. L. Mse. D. C***
### A. F. C. D. S. C.

Amplectendum est otium, quod inter Deos agitur, quod Deos facit. *Senec. epist.* 7.

DE l'utile emploi de la vie
Le Ciel, belle & sage Emilie,
Instruisit trop bien votre cœur ;
Il ne sauroit me faire un crime,
De rechercher avec ardeur,
Un bien pour moi plein de douceur
Dans les doux accords de la rime.
  Qui mieux qu'un enfant d'Apollon,
Sur la cime de l'Hélicon
Embellit la plus sombre étude ?
Il goûte d'innocens plaisirs ;
Dans cette aimable solitude,
Les Muses charment ses loisirs ;
Dans le sein d'une paix profonde,
Sans fuir & sans chercher le monde

A

Elles fixent tous ses désirs.
Ainsi le premier, le bel âge
Renaît, où je fais mon séjour.
La gloire & les amis d'un sage
Se cédent ses soins tour à tour.
J'unis aux charmes de l'étude
Le commerce de l'amitié.
L'esprit & le cœur de moitié,
Sans ennui, sans inquiétude,
Rendent précieux mon loisir.
Je sens un utile plaisir
A développer le sophisme
De la maligne impiété,
Et du farouche rigorisme,
Sans trop donner à la bonté,
A critiquer tant de maximes
Qui tyrannisent les humains,
Pour les disculper des faux crimes
Qu'inventent nos Pharisiens.
Las de maint argument futile
Qu'allégue l'orgueil indocile
J'évoque des aimables morts,
Et sans passer les sombres bords,
Ils me parlent dans leurs Ouvrages;
J'y vois de parfaites images
Du vrai, du sublime, & du beau.
Quelle est ma régle? Un doux délire,
Je vais du cothurne à la lyre,
De la trompette au chalumeau.

A mon gré des bords de la Seine
Je vole au rivage Latin.
Ce goût varié qui m'entraîne
N'est jamais suivi du chagrin.
Je voltige comme l'abeille.
Mon esprit consulte mon cœur ;
Tous deux ont une ardeur pareille :
Cet accord est plein de douceur.
L'un des Dieux chérit le langage ;
Des fleurs, des myrthes, un bocage,
Font à l'autre un plaisir nouveau.
J'admire le tendre pinceau
De la naïve Deshouliere.
Je fronde importans & cagots
Avec le comique Moliere,
Et je ris du peuple des Sots.
On vit à Rome comm'en France
Les fats dans de parfaits tableaux ;
Tantôt Plaute & tantôt Terence
M'offrent de vrais originaux ;
L'un est froid, l'autre est populaire,
Leur pinceau n'est pas moins savant.
Regnard aussi vrai, plus brillant,
Posséde encor mieux l'art de plaire.
Chaulieu charme par mille attraits ;
Il me ravit, il m'extasie ;
Cupidon lui remit ses traits,
Bachus l'ennivroit d'ambrosie.
Lorsqu'il peint ses tristes amours

Je m'attendris avec Ovide.
Pour régler ma plume & mes jours
Horace est le seul qui me guide;
Qu'il m'enchante, quand d'un doigt sûr,
Il fait des accords sur sa lyre;
Le vin d'Esule ou de Tibur
L'éléve, l'anime & l'inspire.
Plus pur que Perse & Juvenal,
Et comm'eux disciple d'Horace,
Despreaux vient d'un pas égal
Me faire marcher sur leur trace,
Et m'apprendre l'art de Longin;
Nous plaît-il plus dans ses préceptes,
Qu'en frondant les Muses ineptes,
Et satyrisant Chapelain !
J'admire également Virgile,
Soit qu'il nous chante des héros,
Ou que sa Muse plus facile,
Fasse entendre ses doux pipeaux.
C'est à sa voix que la nature
Etale à mes yeux ses trésors;
Que la pénible agriculture
L'enrichit, la pare au-dehors.
Enchanté des routes fleuries
Que fraya ce docte Alcyon,
En peignant des fleurs, des prairies,
Rapin imita son crayon.
La nature chez la Fontaine
Accorde aux brutes la raison;

J'en rougis ; leur voix me raméne ;
Mon cœur se rend à leur leçon.
Le tendre, l'élégant Racine
Fait naître une guerre intestine
Entre mon esprit & mon cœur ;
Quand l'un & l'autre s'abandonnent
Aux doux excès de la douleur ;
L'un & l'autre aussi le couronnent.
Quel transport s'éléve soudain ?
Mon cœur attendri se réveille !
J'entends le sublime Corneille :
Quel essor ! Quel charme divin !
Dans les airs, au sein du tonnerre
Porté d'un vol audacieux,
Ce qu'il sent est digne des Dieux ;
Il parle comm'eux sur la terre.
Rousseau, dont les mâles accens
Unissent au vrai le sublime,
Ou la voix du Dieu qui l'anime,
Ravit mon esprit & mes sens.
Quel doux plaisir quand on s'égare
En suivant les pas de Pindare !
Marot, des naïves beautés,
Trouva le modele en Catulle ;
Des deux nous sommes enchantés.
Cypris, au gracieux Tibulle,
Dicta ses chants voluptueux ;
Dans une touchante élegie
Il fait redouter la magie

Et de son Fils, & de ses feux.
La nature imprima ses traces
Dans l'amoureux Anacreon.
Je vois jouer dans Pavillon
Les plaisirs, ornés par les graces.
 Mais hélas ! le sombre Caron
Eut-il dans sa lugubre barque,
Tristes victimes de la Parque,
Tous les Favoris d'Apollon !
On sait encor sur le Parnasse
Cueillir des lauriers glorieux :
Leurs manes trouvent à leur place
Des descendans bien dignes d'eux.
Heureux rivage de la Seine,
Quels hommes décorent ta scêne !
Un vieillard paroît sur tes bords :
Sa voix produit mille transports ;
Euterpe, Clio, Melpomene
A l'envi chacune le mene
A ces monumens éternels †
Bâtis par les mains de la gloire ;
Où chaque Fille de mémoire
L'éléve au rang des immortels.
Est-ce un Dieu ? Non, c'est Fontenelle :
Du vrai, du goût, parfait modéle,
Il régle nos esprits altiers.
Crébillon, des Royaumes sombres

† L'Académie Françoise, & l'Académie des Sciences & des Inscriptions.

Evoque la pâle terreur ;
J'entends gémir les triſtes ombres,
Et je frémis de leur fureur.
Partout vif & brillant Voltaire
Nous éblouit par des éclairs ;
C'eſt un bel aſtre dans les airs,
Qui s'offre à mes yeux & m'éclaire.
Tendre, & badine tour à tour,
Pour nous charmer, nouveau Prothée,
Sa Muſe, toujours enchantée,
Nous peint les attraits de l'amour.
De Greſſet, la Muſe badine,
Soit qu'elle embouche les pipeaux,
Ou peigne un Viſitandine ;
Ververt & des originaux,
De mon cœur eſt la favorite ;
Je lui conſacre mon loiſir ;
De la voir je fais mon plaiſir ;
Toujours à regret je la quitte ;
Son air ſi naif m'attendrit ;
J'adore une beauté ſi pure ;
C'eſt toujours la ſimple nature,
Qui, preſque ſans art l'embellit.
Combien d'Éléves de Thalie,
Par leurs ſatyriques crayons,
Font aimer d'utiles leçons.
   De Melpoméne & Polymnie, †
Alliant les tendres accords,

† L'Opera.

Quinault me guide aux sombres bords;
Mes yeux y répandent des larmes;
De-là, dans des lieux enchantés,
A sa voix, mes sens emportés,
Sont étonnés par des vrais charmes;
Les pleurs des manes généreux
Touchent mon cœur, il en soupire.
Le tonnerre ébranle les Cieux;
Pluton sort de son noir empire.
Mars porte de terribles coups;
Pour servir les Dieux en courroux,
La discorde pâle & sanglante,
Tranche le fil des plus beaux jours;
Les amans, d'une voix mourante,
Parlent encore de leurs amours.
Quel plaisir! quelle alternative!
Passer du tendre à la terreur,
Du ciel à l'infernale rive?
Quinault, oui, tu ravis mon cœur. †
    Mais ennivré de l'allégresse
Qu'ont produit ces divins concerts,
Ne resté-je donc qu'au Permesse
Dégoûté de talens divers?
Des beautés de la Poësie
Si je fus toujours amoureux,

---

† Quoique je ne paye point un tribut d'admiration à un grand nombre d'autres Poëtes, & à une foule d'Auteurs que je ne nomme point, je ne leur rends pas moins justice.

Je n'en montrai pas moins d'envie,
De voir ce qu'ont fait nos ayeux.
  Clio, la plus docte des Fées,
Sauva du naufrage des tems
Les grands noms, les faits éclattans,
Les vrais Héros, & leurs trophées.
Dans ses monumens glorieux,
Tour à tour s'offrent à mes yeux,
La vertu couverte de gloire ;
Des Rois, suivis de la victoire,
Cent Trônes fameux renversés,
Les débris de sceptres brisés,
Des peuples jaloux de l'empire,
Toujours armés pour se détruire,
Ou pour se jetter dans les fers,
De sang inondants l'Univers,
L'airain foudroyant des murailles,
Mars au centre des funérailles
Qui cueille de sanglans lauriers,
Dont il couronne les Guerriers.
Des tyrans que l'orgueil anime
J'y vois voltiger le drapeau,
Ou la discorde dans l'abîme
Eteindre son pâle flambeau ;
Fatigué d'un trop long carnage,
Le vainqueur étouffer sa rage,
Arborer enfin l'olivier
Qu'offre la paix enchanteresse,

  † L'Histoire.

A v

Et du repos la douce yvresse ;
Plaire au plus farouche guerrier,
Délivré du fracas des armes,
Chacun cultive les neuf Sœurs :
Le commerce gagne les cœurs,
Et les captive par ses charmes :
Amis, amans, tout malheureux,
M'apprennent leur touchante histoire :
Ainsi, toujours plus curieux,
J'orne sans cesse ma mémoire.

 Trouverois je moins d'agrémens †
A me livrer aux mouvemens
D'un cœur, jouet de l'éloquence ?
Chaque jour, avec complaisance,
J'éprouve quel est son pouvoir.
O que je me plais à la voir,
En merveilles toujours féconde,
Troubler, pacifier le monde !

 Des Peuples volent aux combats !
Ciel ! quel prestige les enchante !
Jaloux d'une palme sanglante,
La paix est pour eux sans appas :
La cruelle soif des conquêtes
Les force d'exposer leurs têtes
Aux coups les plus affreux de Mars.
Qui les engage à se détruire ?
C'est pour l'honneur de leur empire,
Qu'ils vont affronter les hazards :

† Les Piéces d'éloquence sacrées & profanes.

Mais soudain leurs bras invincibles
Mettent bas les foudres terribles
Qui devoient frapper l'Univers.
La liberté succéde aux fers,
Et le repos à la victoire!
D'où vient désirent-ils la gloire
De rappeller l'aimable paix,
Qui semble fixer leurs souhaits?
C'est le charme de l'éloquence;
C'est par son art, par sa puissance,
Par ses attraits toujours nouveaux,
Qu'on est à l'abri de ces maux.
Arbitre de leurs destinées,
Des nations infortunées
Dûrent leur salut à sa voix.
Les Cicéron, les Démosthéne, *
A leur gré souflérent la haine,
Et ranimoient l'amour des loix.
On vit pâlir en Macédoine
Le plus fier de ses Souverains;
Et Catilina, comm'Antoine,
Trembler au milieu des Romains;
César lui-même se résoudre
A souffrir ses rivaux vaincus,
Et quitter volontiers la foudre,
Prête à perdre Ligarius.
Je ne puis traiter de délire

* L'un par les Philippiques, & l'autre par les Harangues contre Catilina & Marc-Antoine.

Ces retours de paix & d'horreurs :
Comm'eux tous j'éprouve l'empire
Qu'a l'éloquence sur les cœurs.
A son gré je verse des larmes,
Je plains le crime malheureux,
Je chéris le fracas des armes,
Mes maux deviennent précieux.

Les débris de Rome & d'Athénes
N'ensevélirent pas cet art :
Ne connoit-on pas Démosthéne
Dans les tours nerveux de Cossart ?
Jouvenci, Muret & Porée
Ont reproduit de Cicéron,
Pour charmer son ombre éplorée,
Les traits fins & l'expression.
Fléchier dans un panégyrique
Ne prodigue-t'il pas les fleurs,
Dont Isocrate dans l'Attique
Se servit pour ravir les cœurs ?
Qu'un Bossuet vienne & me loue,
Un second Thersite ou Cotin ;
Je croirai l'un un Bourdaloue,
L'autre le vainqueur de Bouchain.
Massillon me parle en grand Maître ;
Avec extase je le lis.
Si j'écoute Patru, le Maître
Se disputer un juste prix,
Soit qu'ils démasquent l'injustice,
Soit qu'ils confondent la malice ;

Du riche, à le perdre animé,
Par les pleurs du pauvre opprimé,
Où dévoilent la jalousie,
Les fraudes & la trahison,
Avec un grand Roi je m'écrie : *
*Sandis ils ont tous deux raison !*
Tous deux enlèvent mon estime,
Et leur éloge est unanime.

   Chaque jour en Chaire, au Barreau,
Est un phénomène nouveau.
Ainsi de l'antique éloquence
N'envions pas l'art précieux.
Calliope montre à la France
Ce qu'admirèrent nos ayeux.

   De la saine Philosophie **
Le doux regard qui nous sourit,
Peut seul éclairer notre esprit,
Et bannir la mélancolie.
Les jours ne sont pas tous égaux.
Victime d'une humeur chagrine,
Ce n'est plus le goût qui domine ;
Un léger soupçon des défauts
Va me plonger dans les ténèbres
De cent réflexions funèbres.
Tout irrite ma sombre humeur.
Astres qui réglez la naissance,
Hélas ! pourquoi votre influence

---

\* Henri le Grand.
\*\* Œuvres Philosophiques.

Lui soumit-elle notre cœur !
   Pour bannir cette nuit profonde,
Et savoir dédaigner le monde,
J'ouvre Séneque & Lucien ;
J'y vois la route du vrai bien.
Avec son air simple, Montagne,
Que S. Evremont accompagne,
Me tient un discours qui séduit,
Et bientôt cette affreuse nuit
Céde à l'éclat de leur lumiére.
Pour m'en inspirer du dédain,
Sincére & sans fard la Bruyere
Me dévoile le cœur humain.
Tout est pitoyables folies,
Puériles illusions,
Erreurs, fastueuses manies.
Comm'eux tous j'en rougis pour moi,
Dès-lors mon systême & ma loi
Est la sage misantropie.
Thémis me prête son bandeau,
Pour juger des biens de la vie,
Et la Sagesse son flambeau.
Heureux les sages de l'Attique,
A qui ce goût Philosophique
Ferma les yeux sur l'Univers,
Sur toutes les grandeurs frivoles,
Superbe Rien, vaines idoles,
Qui nous font gémir dans les fers !

Faut-il s'immoler en victime
Pour se concilier l'estime
D'un sot environné d'éclat,
Qu'auroit avec moi quelque fat ?
Pourrois-je souhaiter la gloire
De trouver place dans l'Histoire,
Si pour ce chimérique honneur
Je perds le solide bonheur ?

Loin donc de moi l'inquiétude ;
Libre d'un orgueilleux désir,
Quand je me consacre à l'étude
Je n'y cherche que mon plaisir.
Qu'on bouleverse tout le monde,
Qu'on encense la volupté,
Plutus, toute autre Déité,
Dans ma solitude profonde,
Sans retour vers le genre humain,
Je vis content de mon destin.
Peu m'importe qu'on me censure.
Aussi peu touché de l'injure,
Que de ce rien qu'on nomme encens.
Où ne régne pas l'injustice ?
Sous un masque trompeur le vice
Reçoit le tribut des talens.

Ma retraite est délicieuse ;
Le plaisir préside à mes jours ;
J'y jouis d'une paix heureuse,
Eloigné des grands & des Cours :
C'est l'utile repos que j'aime.

Faux éclat, dehors faſtueux,
Je vous laiſſe aux ambitieux,
Je me ſuffis ſeul à moi-même.
 C'eſt ainſi que l'on s'affranchit
De cent erreurs par la lecture,
Que cette divine culture
Perfectionne notre eſprit.
Mais dois-je tout à ces ouvrages ?
Il eſt encor d'aimables Sages,
Dont le commerce pour mon cœur
Eſt un vrai bien & le bonheur,
Qui pourroit lui ſeul me ſuffire.
 Honnoré de leur amitié,
Tréſor rare, que je déſire,
Et que je donne de moitié,
Mes jours en ont bien plus de charmes.
Dans les maux ils ſéchent mes larmes ;
Ce ſont les arbitres du goût.
L'ami vrai nous tient lieu de tout.
 Mais ce n'eſt pas un goût bizare,
Qui ſans conſulter la raiſon,
Fait les amis, & les déclare ;
Bien des gens n'en ont que le nom.
L'amitié ſouvent n'eſt qu'eſtime,
Tribut qu'on prodigue aux talens.
Par un droit juſte & légitime
L'eſprit, le cœur, ont leurs cliens.
 Puis-je aimer ce docte Sauvage,
Dont je n'aurai point de retour?

Ce bel esprit fier ou volage,
Qui n'a que l'aîle de l'amour;
Cet adulateur qui m'accable
D'un fastidieux compliment :
( Sans en être moins agréable
L'amitié parle simplement ; )
Ce sage, sottement austére,
Ennemi juré du bon sens ;
Ce misantrope atrabilaire,
Qui ne connoît que le vieux tems;
Ces Barbets paîtris d'ignorance,
Eternels échos de l'erreur,
A qui l'on voit la suffisance
Et l'air décidé du Docteur.
J'abhorre la langue infernale,
Dont le venin cruel exhale,
Sous l'écorce d'un tour plaisant,
Quelque trait dur & médisant ;
Ces perfides trameurs d'intrigues,
Toujours suivis des noirs rapports,
Ces sinistres amis des brigues,
Qui persécutent jusqu'aux morts,
Ces ridés & pâles Zoïles,
Plus cruels que la faulx du tems,
Ces adorateurs imbéciles
Du faste & des défauts des Grands.
Je hais ces sots dans la rôture,
Mauvais singes de la Grandeur,
Dont ils n'ont ni l'air ni le cœur,

Qui traitent leur vrai nom d'injure;
Ces demi Savans éventés;
Ces petits Maîtres populaires,
Du faux goût fauteurs entêtés,
Idolâtres, aveugles peres
De leurs plates productions,
Et tous ces Auteurs fanatiques
Des nouvelles expressions,
Et de cent sottises publiques.
Loin enfin vils partisans,
Amis fourbes, à double face,
Grave Druide qui me glace,
Et vous serviles Courtisans.

Je tais tant d'autres caractéres.
Le peuple des originaux
Fournit toujours ample matiére
Aux plus agréables tableaux.

J'y consens, direz-vous, le vice
Mérite par-tout nos rebuts;
Pourra-t'on donc, sans injustice,
D'un œil égal voir les vertus?
Du vrai beau le Ciel est avare;
Nul mortel ne parut sans tare;
Chacun a le sien après tout.

Mais, quant à moi, voici mon goût:
La fatuité m'envénime,
L'homme à talent a mon estime,
Et l'ami solide a mon cœur.
Si l'un m'étonne, je l'admire;

Si l'autre me plaît, il m'attire.
L'esprit & le cœur ont leurs droits.
Les vainc-on par les mêmes armes ?
Heureux, qui peut par de vrais charmes
Les gagner tous deux à la fois.
 Vous, qu'une heureuse sympatie
M'unit dans ces paisibles lieux :
Dites-nous par quelle magie
Vous m'êtes seuls si précieux,
Sans qu'une amitié très-intime
Ote rien à ma haute estime ?
Tendre Damis, charmant Orans,
Que je vous dois de doux instans !
Jamais la timide contrainte,
Le froid respect n'est parmi nous.
Souvent c'est une aimable feinte,
Qui resserre des nœuds si doux.
A d'agréables rêveries
Succéderont mille saillies,
Mais exemptes de passion.
On fait badiner la raison ;
Sans crainte je deviens volage ;
Si je lâche un trait on sourit ;
A l'instant on se dédommage ;
Ce combat anime l'esprit.
Tels les oiseaux dans un bocage,
Quand au printems il reverdit,
Semblent opposer leur ramage.
Jamais notre cœur n'a tout tout dit.

A son gré l'un de nous soupire,
L'autre fait raisonner sa lyre,
Tout sert à serrer nos liens.
Dans ces précieux entretiens,
Avec les plaisirs & les graces,
L'amusement & la gaïeté,
Que l'on voit marcher sur nos traces,
Furent en pleine liberté.
 Toujours trop tôt au sein de l'onde,
Le brillant astre qui nous luit,
Finit sa course vagabonde,
Et nous sépare avec la nuit.
Combien de riantes pensées
Viennent égayer mon esprit ?
Ce charmant tourbillon d'idées,
Sans l'affecter le réjouit.
Je me peins de l'un la tendresse,
Effet du plus juste retour ;
Et de l'autre une politesse,
Bien plus sincére qu'à la Cour.
Tous deux maîtres en l'art de plaire,
Tous deux fidelles, vertueux,
Amis constans, amis heureux ;
L'un plus touchant, aussi sincére,
Pour peindre son cœur généreux,
Puisoit dans son esprit fertile
Des tours brillans, un art facile,
Ses yeux le peignoient encor mieux ;
L'autre charmoit par ses saillies,

Mille amusantes réparties.
Heureux d'avoir de tels amis ;
Le plaisir qu'a fait leur présence,
En tenant nos cœurs plus unis,
Dédommage de leur absence.

C'est ainsi que souvent mon cœur,
De cette retraite tranquille,
Se porte à vous d'un vol agile,
Guidé par l'appas du bonheur :
Ou plutôt mon cœur vous rappelle
Vous, des vertus parfait modelle,
Que suivent d'innocens plaisirs.
Qui ne vous doit pas Emilie
Quelques instants de ces loisirs,
Qui sont les tissus de la vie ?
Douce, pleine d'aménité,
Sans fard & sans austérité,
Tout respire en vous la sagesse
Dans vos discours ingénieux ;
Des tours & vifs & gracieux
Peignent votre délicatesse.
Dans ses sentimens vertueux
Que l'on doit estimer votre ame !
Qu'il est beau de n'avoir de flamme
Qu'une flamme digne des cieux.
Près de vous les bouches impures
N'osent exhaler leur venin.
Si vous lancez un trait malin,
Il ne fait jamais de blessure.

Tout est esprit, tout est charmant,
Tout est gay, sans être futile,
Tout est cœur, tout est sentiment,
Tout est poli, tout est utile.
Une foule de faits plaisans,
Et souvent une aimable histoire
Rendent vos discours amusans,
Egayent l'humeur la plus noire.
 Loin de vous la fiére beauté,
Chagrine & solitaire idole,
Les petits soins, souci frivole
D'un cœur plein de futilité ;
De nos doctes le goût tenace,
Esclaves de l'opinion,
Pour qui le goût n'a point de grace
Sans l'aveugle prévention,
L'humeur misantrope & génante
De mainte harpie impatiente
Qu'agite le démon des jeux ;
Loin de vous l'amour & ses feux,
Les bienséances incommodes,
L'enfantine fureur des modes,
Cette extase pour un pompon,
Pour un bijou, pour un chiffon.
Loin de vous cet air hypocrite
Qu'enfante souvent le dépit,
Qui devient le plus sûr réduit
De la passion favorite,
Où l'amour propre en négligé,

Dont la politique profonde
Ne veut qu'en impofer au monde;
Mais fans que le cœur foit changé.
De tous ces défauts affranchie,
Que le tiffu de votre vie
Doit vous produire de douceurs !
Par-tout vous fubjuguez les cœurs.
Le fage parfait vous révére,
L'homme à talent vous confidére,
Chacun refpecte votre goût;
Vous plaifez en tout & par-tout.
   J'ai copié dans ma peinture
Vos traits avec la vérité,
Qui convient feule à la nature,
Et peut en tracer la beauté.
Le vrai feul me ravit, je l'aime,
Lui feul a guidé mon pinceau.
J'ai peins la vertu : c'eft vous-même,
On vous connoit à ce tableau.
   Voilà l'efquiffe de ma vie.
Me livrant fans peine au hazard,
J'écrivis fans régle & fans art.
Rien de plus doux qu'un tel délire;
Les tours aifés font avec lui,
Et le travail eft fans ennui.
Ce petit effai de ma lyre
A-t'il trouvé grace à vos yeux ;
Je fuis un mortel trop heureux.

F I N.

www.ingramcontent.com/pod-product-compliance
Lightning Source LLC
Chambersburg PA
CBHW070522050426
42451CB00013B/2810